Celebrating the Birthday of

_____

_____

_____

Name........................

Name..........................

Name..........................

Name..........................

Name........................

Name..........................

Name..........................

Name...........................

Name..........................

Name.........................

Name...........................

Name..........................

Name........................

Name........................

Name...........................

Name........................

Name........................

Name...........................

Name.........................

Name..........................

Name...........................

Name........................

Name..........................

Name............................

Name........................

Name..........................

Name........................

Name........................

Name........................

Name........................

Name...........................

Name..........................

Name........................

Name..........................

Name.........................

Name........................

Name........................

Name............................

Name........................

Name..........................

Name..........................

Name........................

Name...........................

Name.........................

Name............................

Name............................

Name...........................

Name.........................

Name...........................

Name..........................

Name........................

Name..........................

Name........................

Name..........................

Name............................

Name............................

Name.........................

Name........................

Name...........................

Name........................

Name...........................

Name.........................

Name..........................

Name........................

Name........................

Name..........................

Name..........................

Name.........................

Name..........................

Name.........................

Name...........................

Name........................

Name........................

Name...........................

Name........................

Name..........................

Name........................

Name........................

Name........................

Name........................

Name........................

Name..........................

Name............................

Name.........................

Name........................

Name............................

Name...........................

Name.........................

Name........................

Name........................

Name..........................

Name..........................

Name........................

Name..........................

Name...........................

Name.........................

Name..........................

Name..........................

Name...........................

Name..........................

Name........................

Name........................

Name..........................

Name........................

Name...........................

Name..........................

Name............................

Name........................

Name............................

Name...........................

Printed in Great Britain
by Amazon